YUZURU

HANYU

羽生結弦語録

羽生結弦
YUZURU HANYU

ぴあ

2014年12月、グランプリファイナルで連覇したあとの会見で。「わが子を羽生選手のように育てたいというお母さんが多いのですが、どうしたら羽生選手のように育つと思いますか?」という質問を受けた際にこう答えた。現在もしっかりとサポートをしてくれる母親、家族に対して、いつも感謝の気持ちを忘れることはない。それは、チームスタッフやファンに対しても同じだ。羽生はおおぜいの人に「育てられてきた」と強く感じている

僕は「僕」です。
人間はひとりとして
同じ人はいない
十人十色です。
僕にも悪いところは
たくさんあります。
でも悪いところだけではなくて
いいところを
見つめていただければ
（子どもは）喜んで
もっと成長できるんじゃないか
と思います

五輪王者とか
世界王者とかは関係ない。
モチベーションが
落ちることはないし
僕はもっと強くなりたい。
新しい敵は自分自身

2014年2月に、ソチではじめてのオリンピック金メダルを獲得した羽生。その後は、メディアの取材のたびに「王者としてのプレッシャーは?」「次の目標は?」という質問を浴びせられてきた。羽生は王者になったものの、自分を完全無欠の存在だとは考えていない。目の前にはたくさんの課題がある。だから、いつも「もっと強くなりたい」と言い続けている。2014年4月の発言

五輪王者だから
評価が高いのではなく
五輪王者らしい
演技をして
はじめて評価が高くなる

2014年8月の発言。ジュニア時代には、2009年ジュニアグランプリファイナル、2010年世界ジュニア選手権優勝を果たした。2014年のソチオリンピック、2014年の世界選手権。2013年、14年のグランプリファイナル。何度も世界一に登りつめた羽生だが、過去のタイトルに固執することはない。大切なのは「今」、そして「これから」。オリンピックの金メダリストの価値を上げるのは自分自身しかいない

日本的な文化を忘れないように
したいと思います。
日本語は難しいですよね。
敬語だったり、丁寧語だったり
謙譲語だったり。
そういう言葉にも
表れているように
尊敬する心や
目上の方に対する態度
日本的な文化のすばらしさを

再認識しています。
日本国民として
恥ずかしくないかどうか
日本人として
胸を張っていられるのかどうか
それが一番大事
なのではないかと思います

2014年2月15日、ソチオリンピックからの帰国会見で「自身の考える日本人像とは?」と聞かれて、こう答えた。生まれ故郷の仙台を離れ、カナダ・トロントでトレーニングに励み、日の丸を背負って世界中を転戦する羽生にとって、「日本人としてどう生きるか?」は重要な課題だ。その肩にかかる責任の重さを自覚している

五輪の優勝も
世界選手権の優勝も
すでに過去のこと。
次に待っているのは
これまでとは違う
新しい大会でしかない

「過去は過去」と言い続ける羽生だが、まったく気にならないわけではない。「もちろんプライドも守りたいという気持ちもある」と言う。だが、いつまでも過去にとらわれるわけにはいかない。「守るためにスケートをやっているわけじゃない。僕はスケートが好きで、ジャンプが好きだから試合に出ている。このことは、僕のスケート人生において、なくてはならないもの」。2015年4月の発言

五輪チャンピオンなんて
関係ないと本当に思いました。
だから、ファイナルは挑戦者です。
一からやり直して
その壁に爪の先でもいいから
しっかり引っ掛けて
登りきりたい

これまでのオリンピック金メダリストは、五輪の翌年は休養に充てることが多かった。しかし、19歳の羽生は果敢にチャレンジしていく。休むことよりも滑り続けることが成長につながると信じて。勝つことと内容を同時に求められる中で、グランプリファイナル連覇を果たし、世界選手権銀メダルを獲得した。2014年11月の発言

過去に対して
自分が満足することはないと思います。
「もっと強くなりたい」という気持ちが
原動力になるので
気持ちが切れることはありません

2014年2月にソチで金メダリストになってからも、羽生が慢心することはない。自分以外にもすばらしいスケーターや実力者がたくさんいることを知っているし、若い世代の成長を感じているからだ。「ジュニアから上がってくる選手が必ずいる。今からフレッシュな選手が次々と頭角を現してくるので、大変な戦いになる」と語っている。2014年5月の発言

夜更かししてまで
衣装をつくってくれる
母親の愛情を感じながら
滑っています

2010年11月、テレビ番組の中で、羽生の衣装が取りあげられた。「お母さんが夜中までずっと衣装にダイヤストーンをつけたりして、夜更かししているので、大変だなと思います」と語っている。両親に対して「今は、できることが少ない。まだまだ親に支えられている立場なので、しっかりとスケートに集中して、精一杯がんばることが最大の親孝行だと思う」

練習ではノーミスで
できていたのに
試合でそれができない。
それは
自分の力が
足りなかったということ

連覇を期待されながら2位に終わった2015年3月の世界選手権を振り返って。ショートプログラムでは1位だったものの、フリーでふたつの4回転でミスし、ハビエル・フェルナンデス（スペイン）に敗れた。「上海に来る前は調子がよくて、練習でノーミスを何回もやっていた。練習メニューやジャンプの確率を上げるための調整法をもっとしっかりしたものにしないといけない」と語った

ノーミスにするためにどうするか。プロセスを大事にしたい

ソルトレイクシティ、トリノ、バンクーバーとオリンピックを見るたびに、「夢は絶対にかなうものだ!」と羽生は思っていたという。「夢は努力するきっかけだし、ゴールなのかもしれない。夢を見ることは、人生をすごく楽しくするのではないかと思う」。一方で冷静に現実を見据えている。「でも、夢はかなえることではなくて、追い続けることが大事。だから、プロセスを大事にしたい」。2014年12月の発言

同じミスをしたときでも「またミスをした」と思うのではなく「また新しくミスをした」と考えます

フィギュアスケートにはミスがつきものだ。どんなに完璧を目指しても、パーフェクトな演技など簡単にできるものではない。「僕の学習機能はそんなによくなくて、同じミスをよくします」。だから、ミスに対して独自の考え方を持つようになった。「ミスしたことを次に生かしてがんばろう」と考えるようにしているのだという。「またダ」と思うと同じ間違いをしてしまうからだろう

成功ばかりしていたら失敗の原因は考えられない。考えるきっかけになるのが特に本番での失敗です

どんな経験もムダになることはない。どれほどすばらしいスケーターでも、はじめは転びながら滑ることを覚えたはずだ。「やったことはムダにはならない。すごく練習したのに、ひとつ失敗したとします。どうして失敗したのか？そこで原因を考えることができる。失敗がなければ、何も考えない」。羽生は考えることの重要性をよく知っている

試合でうまくいかなくても
あまり落ち込まないのが
僕の特徴です。
逆に失敗した試合のあとは
100％モチベーションが
上がります。
悔しい思いがあればあるほど

次の練習に身が入って「失敗した分を次の試合で取り返せるようにしっかり練習しよう」という気持ちになります

人の性格はさまざまで、局面によって変わるもの。成績や調子がよければ積極的になり、劣勢に立たされれば弱気になるのが普通の人間だ。しかし、羽生の自己分析によれば、「普通」とはまったく反対だ。厳しい場面になれば闘志が湧き、力がみなぎってくる。「失敗のあとのほうが練習に身が入る」というのだから、上達しないはずがない

いちばん怖いのは成長が止まったときにどうすべきか

「過去にこだわらない」と言い続けているのは、自分がまだまだ成長しているという確かな実感があるからだ。「ジャンプだけでなく、また違う方向に演技の幅を広げていくことができる。自分の向上心さえあれば、どこまでも」と語りながら、成長が止まったときのことも想定している。「成長が止まったときこそ、目標をしっかり定められる能力が必要になってくる」。2014年8月の発言

いつも心を開いているんです。心を開いていなければ何も吸収できないしおもしろくない。心を開くことが成長の原動力

情報や選択肢がたくさんあるとき、人間はどうしても迷ってしまう。迷ったときにいろいろな人にアドバイスを求め、抜け道が見つからなくなることがある。聞くだけでは解決できない。羽生はいつもオープンマインドで、いろいろな人に意見を求めつつ、自分も言いたいことを言う。そうすることでよりよい方法を模索しているのだ。シニア転向からわずか数年で世界の頂点に立った秘密がここにある。2013年2月の発言

厳しい意見を聞くと
やはり、悔しさを感じますが
そんな意見があるからこそ
「やらなければ!」と思います

2011年12月、カナダで行われたグランプリファイナルに出場し、4位入賞。全日本選手権3位、グランプリシリーズロシア杯での優勝などと合わせて、収穫の多いシーズンだった。頭角を現すようになると、当然厳しい意見も多くなる。「演技構成点が足りない」というのもそのひとつ。しかし、羽生は耳をふさぐことなく、肥やしにしようとしている

課題、大好きです。
なぜなら、それを乗り越えたら
絶対、その上の課題が
あるわけですから。
課題を克服するチャンスが
あるなんて
こんなに恵まれたことはない

2014年12月の発言。「いちばんかっこいいのは、出場した全員がパーフェクトの演技をした中で勝つこと」と羽生は語っていたが、世界中のトップスケーターが頂点を目指して切磋琢磨しているのだから、簡単なことではない。再び頂点に立つためにはいくつもの課題に取り組まなければならない。「上を目指す者」にとって避けては通れない道だと羽生は考えている

じゃあ羽生結弦としてもっと成長してみろよ！

ソチオリンピックで金メダルを獲得して以降、「オリンピック王者なんだから」と言われる機会が格段に増えた。「そのときは、五輪王者なんだから、『こんなことをしている場合じゃない』と自分に発破をかけます。『五輪王者らしい演技をしよう』と思うことがモチベーションになる」と羽生は語る。2014年8月の発言

ここまで
突き落とされたというか
自分で突き落としたん
ですけどね

アスリートには避けられないアクシデントと、防ぐことができるアクシデントがある。2014年－2015年シーズンに羽生が見舞われた衝突事故とその後の不調は前者のように思える。しかし、あくまで自分に責任があると感じている。「他人のせいにしない」「すべてを自分で引き受ける」。羽生の言葉から、その覚悟がにじみでている。2014年11月の発言

課題をひとつひとつクリアして
練習した分だけ
うまくなったと思えるような
スケートをしていきたい

2014年11月の中国杯での衝突事故、年末の腹部の手術、右足首の捻挫……「体調が万全でない中でどうやって戦うか」が2014年－2015年シーズンのテーマになってしまった。それでも、「完璧じゃなくても、ベターに持っていける」と羽生は胸を張った。もちろんこれで満足するわけがない。より速く、より華麗に、より強く舞うことを目指している。2015年4月の発言

あります！
あります！
絶対にやります！

2015年3月に行われた世界選手権でハビエル・フェルナンデスに敗れ、2位に終わった羽生。「4月の世界国別対抗戦で、今季初のノーミスで演技を終えたい気持ちはあるか」と聞かれ、こうまくしたてた。思いをはっきりと口にした羽生は世界国別対抗戦でショートプログラム、フリーともに1位となり、日本の2大会連続の3位に貢献した。2015年4月の発言僕は弱いんです。
シニアに上がってから
嫌というほど
見せつけられたから
無理やりにでも
自分に課さないといけない

さらに心肺機能を高めるために、練習のとき、羽生がマスクをつけたまま滑ることはよく知られている。「マスクをつけたまま滑るのはしんどい。特にスピンが」。しかし、プログラムが終わっても、その場でへたりこまない、フェンスに手をつけるまではマスクを外さないと決めている。「だから、滑り終わったら、フェンスに向かってダッシュします」

弱い自分は嫌いです。
大嫌いです。
捨てたいぐらい
「どこか行け」というぐらい。
しかし
弱いところがあるからこそ
人は強くなれる。
弱いところがあるからこそ
弱さを埋めるために
一生懸命練習するんです

「嫌いな自分」から目をそらし、「好きな自分」とだけ付き合うというやり方もあるかもしれない。そのほうがいつもいい気分でいられるし、もしかしたら調子よく毎日を過ごせる可能性がある。絶対にそちらのほうが楽だろう。だが、羽生はどんなに嫌な気分になっても苦しくても、「嫌いな自分」にとことん向き合う。本当に強い人にしか、自分の弱さは見えない。2014年12月の発言

「だって」をすごく使う子どもだったんです

自分の意見があっても他者になかなか伝えられない人がいる。特に日本人は相手のことを気にして、言葉にすることをためらうことがよくある。ところが羽生は違う。「自分の納得できないことに関しては、かなり意見を言います。子どもの頃から自分なりの意見を持っていて、『僕はこう思うからこうじゃなきゃダメだ』と決めつけることも多かった。でも、いい方向に出ないことが多かった。だから基本的にまわりの意見を聞いて、状況を考えることが大切だと考えています」。2014年12月の発言

負けず嫌いと頑固。僕の第一の特徴だと思います

「自分の性格は?」と聞かれて、即答できる人がどれくらいいるだろうか。羽生はすぐにこう答えた。負けず嫌いでなければつらい練習には耐えられない。「けっこう、人の言うことを聞かないタイプ」だとも言うが、「芯がある」ということでもある。氷の上でたったひとり、世界のトップスケーターと戦うのだから、このふたつは大事な要素かもしれない。2014年12月の発言

弱いということは
強くなれるということ。
「自分が弱い」と言えることは
強くなりたいという
気持ちがあること。
「自分は強い」と思って
そこで終わるよりもいいと思う

オリンピック金メダリストとして迎えた2014年―2015年シーズンは、自分の弱さを語ることが多かった。弱さを認め、それを受け入れつつも強い意志で克服しようとあがいた1年。王者でありながら自身の内面をさらすのは怖い。でも、それ以上に、弱いままでいることが許せなかったのだろう。「結果はどうあれ、アスリートとしては絶対にいいこと」という言葉に覚悟が見える。

2014年12月の発言

何かを乗り越えようとすることに関して僕は人一倍、欲張りです

目の前に大きな壁があればあるほど熱くなれるアスリートがいるし、自分よりも強い敵と向き合って足がすくんで動けなくなる選手がいる。もちろん、羽生は前者だ。だから、現状に満足することなく、「もっと先」を目指していく。「それをサポートしてくれる人たちがたくさんいる環境がある。そのことに関して、僕は幸せ者だなと思います」。2015年4月の発言

もーう、悔しい。
悔しい！　練習したい！
スケーティングをしたい！
ジャンプを跳びたい！
フリーを死ぬほど
滑りたい！

2010年11月、高校1年生になってシニアに戦いの場を移した。グランプリシリーズ初参戦となったNHK杯で4位入賞を果たしたものの、2戦目のロシア杯では7位に終わった。「もうエキシビションは見なくていい。早く日本に帰って、すぐに練習します」と語った。自分の甘さを痛感し「もうジュニアじゃない。シニアの戦いをしなければ」と思ったのがこの試合だった

楽しむことは大事ですが
ときには
「絶対に負けたくない」
という気持ちも大事。
怒りの感情に身を任せて
自分に正直になったほうがいい

自分の感情を押し殺してクールにふるまうアスリートは多いが、羽生は喜怒哀楽をストレートに表現する。悔しいときには悔しい顔を、うれしいときにはうれしい顔を、悲しいときには悲しい顔を見せる。フィギュアスケートが「表現」を競う競技である限り、演じる者の「心」が少なからず点数に作用するはずだ。ときには怒りが勝負の決め手にもなる。2014年3月、世界選手権後の発言

逆境や自分の弱さが見えたときが好きです

これほどまでに自分のことを「弱い」と言うアスリートがいるだろうか？　羽生はオリンピックでも世界選手権でも、グランプリファイナルでも頂点に立ったのに。本人がそう言うように、自分が強く望まない限り、「弱さ」に対面しなくても済むやり方はいくらでもあるはずだが、あえていばらの道を進んでいる。自身の弱さに正面から対峙する羽生はどれだけ強くなるだろうか？

2014年12月のグランプリファイナル後の発言

とにかく負けず嫌いでした。できないことがあると「絶対に一番になってやる」と誓って練習に取り組んでいました

相撲の世界には「3年先の稽古」という言葉がある。今練習していることが3年後には実るからがんばれ、という教えだ。これからもわかるように、努力と成果はすぐには結びつかないもの。今日練習したからといって、明日4回転ジャンプが跳べるわけではない。しかし、並外れた負けず嫌いで知られる羽生はそうではなかった。「誰よりも早く」という思いが躍進につながったのだ。2014年11月の発言

アスリートは
いつも通りにできるわけがない。
練習でできたことを
本番で出そうとしても無理。
本番は練習ではない。
その時点で僕の負けなんです。
人との勝ち負けではなくて
自分に負けています

2014年11月のグランプリシリーズNHK杯を終えたあと、インタビューに答えて。「試合のように練習を。練習のように試合を」と選手の心構えについてよく言われるが、なかなか簡単にいくはずがない。試合には独特の空気と緊張感があり、勝敗を競う相手がいる。羽生が考えているのは「本番のために練習しなければいけない」ということだ

弱いところが見えて「自分は強くなりたい人なんだな」とあらためてわかった

どこまでも熱く突き進むパッションと、周囲を見渡せる冷静さの両方がアスリートには必要だろう。自分自身を客観的に見ることができるというのが、一流の条件でもある。「自分は強くなりたい人なんだな」という言い回しから、羽生が冷静さを持ち合わせていることがわかる。2014年12月、グランプリファイナルを終えて帰国時の発言

僕はそんなに心が
広くないので、悔しい。
次は絶対に
勝ってやろうと思う

2015年3月、中国・上海で行われた世界選手権直後の発言。同じブライアン・オーサーコーチに師事するハビエル・フェルナンデスに2.82点差で敗れて2位に終わり、大会連覇はならなかった。上の言葉のあと「反面、仲間が勝つのはうれしい」と続けたが、連覇を阻まれた悔しさ、頂点を奪われた気持ちは次のシーズン、新しいモチベーションへと変わっていく

すごく悔しい。実力不足だと思う。この感情が絶対にフリーでプラスになる

「悔しさをバネに」とは羽生がよく口にする言葉。ショートプログラムで成績が悪かったとき、その感情を次のフリーで爆発させることがよくある。普通ならば、思いが力みにつながって状況を悪化させることが多いのだが、そうならないのが羽生の非凡なところだ。マイナスをプラスに変える「心の整え方」をどこで身につけたのだろうか？　2014年11月、NHK杯での発言

自分の実力の問題です

2014年11月、中国杯でのアクシデントのあと、体調不十分なままでNHK杯に出場したが、ショートプログラムでミスを連発して5位に。「ケガのこととは関係なく、自分の実力の足りなさが原因。練習もしてきたし、ジャンプも跳べる」。フリーで3位に入り、総合4位となった。それでも、「自分の中で言い訳をつくりやすかったんだと思う」と羽生は自分自身に厳しい

悔しい気持ちは僕にとって、ネガティブではなくポジティブなもの。悔しい気持ちは先に進もうとしているという意味

自分が納得できない演技をしたあとには正直に「悔しい」と口にする。内面をストレートに表現することを好まないアスリートが多い中で、極めて珍しい存在だ。「悔しい」は「後悔」ともとれるが、羽生の場合はそうではない。あくまで前に進むための修正点を明らかにするときに生まれる感情だ。「僕はアスリート。結果を求める。向上心を持つ。目標は常に一緒ではなく、高くなっていく」。2015年4月の発言

僕にとって、あれは過去。
今できることを
まず今やりたい

2015年3月、中国・上海で行われた世界選手権で、前年11月に衝突事故を起こした中国杯と同じリンクでまた戦うことについて聞かれて。イメージを大切にする羽生だから、当時の記憶がよみがえってきたかもしれない。しかし、あの惨事を振り返っても何も生まれないことは本人がいちばんわかっていた。世界選手権で銀メダルを獲得して、嫌な過去にケリをつけた

やりたいことは特にありません。早く練習したい

2014年2月25日、ソチで金メダルを獲得した羽生が帰国し、凱旋会見で「日本に帰ってきて何をやりたいか？」と問われて、こう答えた。「金メダルを取りはしましたが、演技には満足していません。これからはチャンピオンらしいスケーターとしてがんばっていきたい」と話した。羽生を乗せたチャーター機が到着した成田空港には約900人のファンが待ち構えていた

トラブルだって いいきっかけになるんです

物事をきっちりと進めるタイプの人は、突発的な出来事に弱いものだ。「想定外」のことに対応できず、ペースを乱して自滅することが多い。しかし、羽生は少々のハプニングには動じない。2012年10月に開催されたスケートアメリカでは、飛行機の出発に出国対応が間に合わずに乗り遅れ、現地到着が丸一日遅れてしまった。ところが、「ちょっと大変だったけど、自分の中では吹っ切れた」羽生は、ショートプログラムで歴代最高得点（95.07点）を叩きだした

あのアクシデントのおかげで
縛られていたものや
しがらみのようなものを
取っ払うことが
できたと思います

グランプリシリーズ中国杯での衝突について、「ほかのスケーターには経験できないことを経験できた」と振り返る。歓迎すべきアクシデントではなかったが、不幸な出来事さえもプラスに変えようという羽生の前向きさがこの発言には表れている。そのあとのNHK杯には出場すべきでないという声も多かったが、グランプリファイナル優勝と世界選手権準優勝で外野の雑音を封じ込めた

ケガをしたらおしまい。
しかし
ケガを恐れて怖がったり
焦ったり
消極的になったり
するわけにはいかない

自分を追い込めば追い込むほど、どうしてもケガをする確率は高くなるが、勝つためには厳しい練習は欠かせない。ケガの恐れがあっても、甘やかすわけにはいかない。「もっともっと積極的にいきたい。積極的になりつつも、でも冷静さは失わないように。とにかく、ひとつひとつ自分で考えながら取り組んでいく」と羽生は語っている。2014年11月の発言

僕は基本「大丈夫」としか言わない人。どこかが痛いときも「大丈夫」と言ってしまう

2013年―2014年シーズン前、世界選手権で痛めた左ひざをはじめ、さまざまな故障を抱えていた。だが、羽生はどんなに深刻な痛みを抱えていても「大丈夫」にしてしまう。もちろん、ケガには人一倍気を遣っている。「取り組み方が少し変わったのは、3月に世界選手権でケガをしたから。ケガしないためにひとつひとつ気をつけていくしかない」。2014年2月の発言

とにかく「勝ちたい」
ということしか頭になかった。
追いかける立場になって
久しぶりにアドレナリンを
出し切りました。
あれくらい自分の中で
ふつふつと燃え上がっていく感じは
何か楽しい

2014年3月、さいたまスーパーアリーナで行われた世界選手権。ショートプログラムで3位に終わり、「この順位にいる自分が許せない」と羽生は言った。SP首位に立っていたのは日本代表としてソチでともに戦った町田樹選手。フリーで4回転サルコウ、4回転トウループを決めて、わずか0.33点差で町田選手を抜き去り、逆転優勝を果たした。2014年5月の発言

今シーズンは山あり、谷あり。
よかったり、悪かったりの
繰り返しでした。
この経験は、スケート人生だけでなく
僕の人生の中で生きてくると思います

2015年3月、中国・上海で開催された世界選手権で。心身ともにボロボロになりながらも戦い抜いた2014年−2015年シーズンをこう振り返った。「挑戦のシーズンだったと思っていますが、それが失敗したかどうかは、人それぞれの見方による。『失敗は成功のもと』とよく言うように、失敗しなくては気づけないこともたくさんあるし、今回の衝突事故も誰かが起こさなくては誰も気づかないことだった。ムダなことはひとつもなかったと思う」

壁を乗り越えたら次の壁しかなかった

2014年12月に行われた全日本選手権で、羽生は総合286.86点という成績で優勝を飾った。2位の宇野昌磨選手に35点以上の差をつける圧勝だった。11月の中国杯でのケガ、体調不十分なままで臨んだNHK杯の影響はあったものの「ミスは最小限にとどめられた」と語った。大会3連覇を達成してもなお、本人には壁と課題がしっかりと見えている。2014年12月の発言

広いリンクで
ひとりで滑って
ひとりのためだけに
歓声が起こる。
その瞬間が
フィギュアスケートの
魅力のひとつ

演技前の6分間練習で何人もの選手が同時に滑ると狭く感じるが、スケートリンクは大きい（60m×30m）。そこにひとりで立ち、観客の視線と時間を独占することは、トップスケーターだけに与えられた特権だ。選ばれた者だけが立つことができる場所で、羽生は多くの人を魅了し続ける。2014年1月、ソチオリンピック開幕前のインタビューで

目立ちたがり屋だからこそ「ここでがんばりたい」「大きな舞台だからこそ、やりたい」。そんな気持ちがあるのかもしれません

周囲の視線を集めると実力以上の力を発揮する人もいるし、注目される場所ではまわりの目を気にしすぎて普段通りの活躍ができない人もいる。羽生はもちろん、舞台が大きければ大きいほどイキイキするタイプだ。幼い頃には、学芸会のオーディションで主役を受けたりしたらしい。多くの観客の視線を浴びて、羽生はもっと輝きを増すはずだ。2014年4月の発言

選手ひとりひとり
いろいろな特徴や
得意なところがあります。
でも僕は
絶対に負けない
スケーターになりたい

ジャンプが得意な人もいれば、表現力で勝負する人もいる。華麗なステップやスピンで見せ場をつくる選手も。これまでの長い歴史の中で、多くのフィギュアスケーターがそれぞれの強みを生かしながら、競い合ってきた。「自分以上のスケーターはたくさんいる」と羽生は認めている。ルールも変わり、技も進化していくが、勝負では誰にも負けるつもりはない。2014年12月の発言

いくら自分が納得できる
演技ができたとしても
結果が悪ければ
人々は納得してくれない。
「羽生は結局、この程度なんだ」
と思われてしまう。
それでは絶対にいけないと思う。
スケーターとして
何よりもすべきことは
結果を残すことだと思います。

スポーツは結果がすべてとは言い切れないが、結果が伴わなければそのアスリートが本当の意味で認められることはない。20歳の羽生の言動がこれほど注目されるのは、多くのタイトルを獲得してきたから。いい成績を残した結果、今の自分があることを本人がいちばんよく知っている。だから、「自分が納得できる演技」を言い訳にするつもりはない。自著『蒼い炎』でそう述べている

試合に出続けたのは自分が現役スケーターだからです

2014年−2015年シーズンは、次々とアクシデントに見舞われた。一歩間違えば、長期欠場の可能性さえあった綱渡りの日々。それでも羽生は滑り続けた。「日本代表として選ばれたわけですから、そこで滑って戦わなくてはいけない義務感もあります。ケガをしてしまったことについて、中国杯でのアクシデントもそうですが、自分の不注意、自分の管理不足が少なからずあるので、しっかりと反省しなくてはいけない」。2015年3月の発言

いかなる状況においても全力を出し切ることがスケーターとしての流儀です

4歳の頃からスケート靴をはいているとはいえ、10代で「流儀」を語ることはなかなかできるものではない。だが、羽生のフィギュアスケートに関する考え方、試合に臨む姿勢、ファンへの接し方は「道」のようなものを感じさせる。いくらトップのスケーターでも、体調の悪いときもある。気分が乗らないこともあるだろう。しかし、「流儀」がある限り、全力を尽くさないわけにはいかない。2013年12月の発言

試合は
自分をいちばん
成長させてくれるところ。
だから、好きです

2014年12月、スペイン・バルセロナで行われたグランプリファイナルで大会2連覇を果たしたあとの発言。「本番(試合)のための練習をする」ことを常に心がけている羽生にとって、「試合は自分をいちばん成長させてくれるところ」。より輝ける場所だ。世界のトップスケーターが集結する大きな大会に出るたびに、さらに進化を遂げるだろう

スケーターは
「アーティスト」であり
「アスリート」でもあります。
どちらの魂も
捨ててはいけないと
思っています

2012年11月、地元の宮城・セキスイハイムスーパーアリーナで開催されたグランプリシリーズNHK杯フィギュア大会で見事、優勝を飾った。ルールの変更や競技レベルの向上に伴って選手にはより高度な技が要求されるが、羽生は「アーティスト」であることと、「アスリート」であることの両方を求めようとしている

演技を終えると
大量の花束をリンクに
投げ込んでもらえる。
いつも
「また、頑張らなければ」という
高いモチベーションに
なっています

観客の応援を力にして、羽生はいつも力強く滑っている。2014年2月のソチオリンピックでの大ロシアコールも自分への歓声と感じたほど。「4回転ジャンプを転倒したときも、会場に『あーっ』と大きなため息がこぼれますよね。それだけファンのみなさんが真剣に見てくださっているんだと思う。本気で見入ってなければ、ああはならない」。2014年2月の発言

フィギュアスケートと出会ったことは運命だったのかなと最近、思います

もしも羽生がフィギュアスケートと出会わなかったらどうなっていただろう。ここ数年に彼が達成した「史上初」は今も夢のままだったかもしれない。「だって僕、最初はスケートじゃなくてもよかったんですよ。たとえば姉がバレエをやっていたら、今頃バレエをやっていたかもしれない。水泳だったら、水泳をがんばっていたかもしれない」。運命の出会いに感謝！　2013年10月の発言

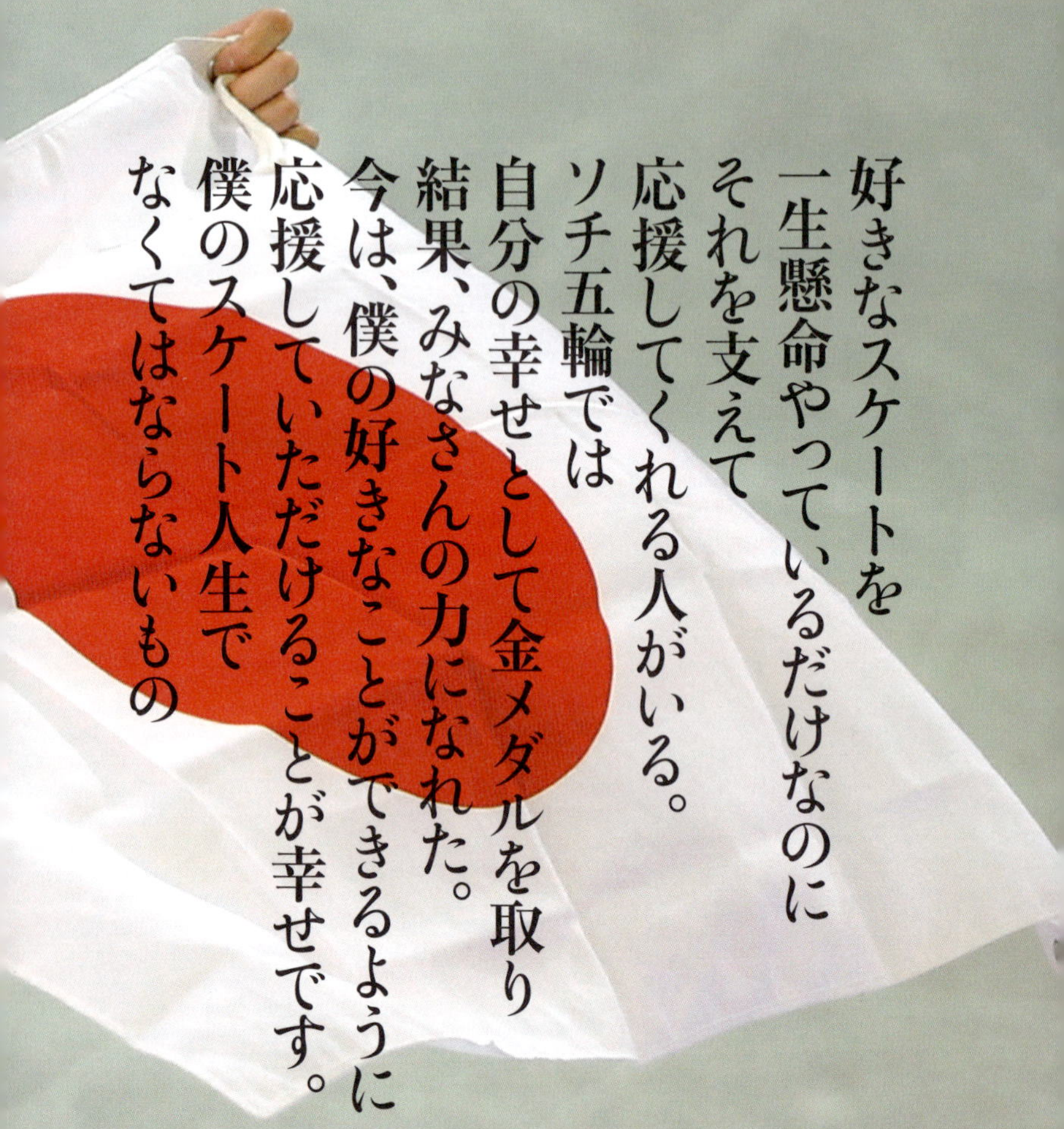

好きなスケートを
一生懸命やっているだけなのに
それを支えて
応援してくれる人がいる。
ソチ五輪では
自分の幸せとして金メダルを取り
結果、みなさんの力になれた。
今は、僕の好きなことができるように
応援していただけることが幸せです。
僕のスケート人生で
なくてはならないもの

2014年11月、グランプリシリーズの中国杯でほかの選手と衝突し、大ケガを負った羽生だが、その大会で「新しい幸せ」を感じていた。「中国杯でアクシデントがあったあと、6分間練習に入る前にたくさんの方から応援の拍手をもらったことがうれしくて、あの感覚が今でも残っているんです」。おおぜいのファンの応援を力に、羽生はリンクの上を滑り続ける。2014年12月の発言

日本人として
日本国民として
最高の舞台で
たくさんの応援をいただいて
金メダルという
素晴らしい評価を
いただいたことを
誇りに思います。

これからも日本国民として恥じないオリンピック金メダリストらしい人間になれるように努力していきたい

2014年2月、ソチオリンピックで金メダルを獲得した翌日の記者会見で。「今の率直な気持ちは?」と聞かれ、最初に発したのがこの言葉だった。日の丸の重みを感じながら手にした金メダルを胸にかけて思ったのは「どうすれば、オリンピック金メダリストらしい人間になれるのか」ということだった。答えは簡単には見つからないが、自分自身で探すしか方法はない

MIZUNO
JAPAN

オリンピックで金メダルを取って言うのも何ですがちょっと悔しいと思います

2014年2月、ソチオリンピック。金メダルを獲得した直後の記者会見で。「結果として、すごくうれしいと思う反面、自分の中で悔しいと思うところがけっこうある。もう驚きしかなかった」と語った。日本男子にとってははじめて獲得した金メダルだったが、フリーの4回転サルコウで転倒するなど、本人にとっては大満足の優勝ではなかった

自分の演技については
悔しかったので
うれしいという感情はなかった。
でも、表彰台に上がり
花束をもらって
すごくうれしかったです

「優勝が決まってブライアンの顔を見たら、すごく喜んでくれていたんですよ。だから、ブライアンの顔を見て、『ああ、優勝してよかった』と思いました。僕自身はまだ全然うれしくなっていなかったから、ブライアンが喜んでくれているのを見て『あっ、勝ったんだ』と実感を持つことができました」。オリンピック優勝の瞬間についてそう語っている

表彰台につまずいたらどうしよう

ソチオリンピックでの表彰式、欧米人以外としては初の金メダリストとなる羽生はいちばん高いところに立つまで、試合前よりも緊張していたという。「日本国旗を振って応援してくださったので、本当に気持ちよかった。君が代が流れて、そのときに日本代表として、日本国民のひとりとして、羽生結弦として、誇らしい一瞬を迎えられたと思う」と語った。2014年2月の発言

SOCHI 2014
SOCHI 2014

SOCHI 2014

僕ひとりでは何もできない

2014年4月、出身地の仙台で行われた凱旋パレード、羽生は金メダルを首にかけ、終始笑顔で手を振った。「こうやって金メダルを取れたのはみなさんのおかげですし、直接サポートしてくれたみなさんのおかげです。金メダルは、たくさんの方々がひとつになれた証だと、金メダルを見るたびに思っています」と語った。19歳の王者はどこまでも謙虚だった

たか

被災地の方々に
元気をもらっている立場である
ということを
受け止められた。
実感が湧いて涙が出た。
ハッピーエンドになれてよかった

2012年4月、フランス・ニースで行われた世界選手権後の発言。東日本大震災から約1年、17歳の羽生が世界のひのき舞台で大きな仕事をやってのけた。試合前には「パトリック・チャン(カナダ)が17歳で世界選手権に出て9位だったから、それを超えるのが目標」と語っていた羽生。ショートプログラムは7位に終わったものの、フリーで2位の好成績を残し、総合3位で表彰台に上がった(優勝はパトリック・チャン)

平昌オリンピックに向けて特別に何かをするわけではありません。ただ、自分のスケートをもっと高みに持っていきたい

2014年2月、ソチオリンピックで金メダルを獲得した翌日の記者会見で。「オリンピック2連覇の抱負は?」と聞かれて、こう答えた。大会のすぐあとに4年後のことを問われても具体的な話はできるものではない。ただ、羽生は自身のスケートを高めることがオリンピックにつながっていることを十分に理解している。今まで通りの毎日を送れば、やがて平昌は見えてくるだろう

ソチでベストな演技はできませんでしたが全力を尽くしました。その全力がもっといいものになるよう努力したい。金メダルは将来を明るくしてくれるものだと思います

2014年2月、金メダリストとして『白鳥の湖』をアレンジした曲でエキシビションを滑り終えたあとの発言。「すごく緊張したけど、スケートを滑ることができる喜びを感じて滑った。苦しみの中から立ち上がるイメージで、いつもこの曲を滑っている。ソチオリンピックで自分なりに4年間の集大成を出そうと思っていた。その中に震災があって、苦しみから立ち上がろうという兆しを自分の姿に重ねてもらえればと思って滑った」

信じる力を!

東日本大震災で、練習拠点だったアイスリンク仙台と自宅が大きな被害を受け、4日間を避難所で過ごした羽生。自身も被災したことで「信じること」の大切さを知った羽生は、2011年11月、被災地に向けた励ましのメッセージとして色紙にこの言葉をしたためた。「信じられるものがなくなりつつある。今の日本には、ひょっとしたらそんな雰囲気もあるかもしれません。でもやっぱり、ひとりひとりの持っている『信じること』そのものが大きな力になる。そう思いたくてこのメッセージを書きました」

みんなと前へ!!

2012年11月、宮城県で行われたグランプリシリーズNHK杯に出場し、ショートプログラム、フリーともにトップ（261.03点）で総合優勝を飾った。「95点台を2回も続けて出せたから、満足感が違う。この前の試合より自信を持ってできた。99点（100満点中）です」。チャリティーグッズとして発売されるポスターに「ご協力よろしくお願いします。みんなと前へ!!」と書いた

震災があったシーズンは（2011年－2012年）
練習環境もあまり
整っていなくてつらかったです。
そのシーズンのはじめ頃は
「僕が何かしなきゃ」と
ずっと思っていました。
シーズン最後の世界選手権で
銅メダルが取れたのですが
そのとき

被災地の方々東北の方々がすごく僕を支えて下さって逆に勇気をもらっていたなと思ったんです

2014年2月のソチオリンピックで金メダルを獲得したあとの発言。「今回も被災地を含めた東北の方々や宮城県、仙台市のみなさん、また日本で応援して下さっている人たちがたくさんいました。その方々にどれだけ勇気をもらえたか、どれだけ背中を押してもらえたかをすごく感じているので、逆に『本当にありがとうございました』と言いたい。僕という存在の中にたくさんの思いが宿っていると思うので、決してひとりじゃないということを忘れないようにしたい」

地震が起きて
練習環境が整わず
満足に練習できていないにも
かかわらず
ショーに呼んでいただきました。
「何かを伝えるために
がんばらなければ」と思いました。
そのためにも
「練習しなければ！」
という思いが強くなりました

2011年3月11日の東日本大震災でホームリンクも被害を受け、羽生は練習できる場所を失った。東神奈川で練習場所を確保してもらい、5月から10月までに60公演ものアイスショーに出演した。「普通の高校生に戻って普通の生活をしたいとも思っていたけど、気持ちがこもった演技ができたら、本当に何かを伝えることができるはず」と考えた。2011年5月の発言

『白鳥の湖』は
この震災があったからこそ
完成することができました

2011年4月、最初に出演した神戸のチャリティー演技会で披露したのは、2010年－2011年のショートプログラム『白鳥の湖』だった。「このプログラムには『旅立ち』や『羽ばたく』という印象があったので、チャリティーで滑ろうと決めました。滑り終わってお客さんにあいさつして、アンコールで滑ったら……本当に泣きそうになりました」。2012年4月の発言

東北高校野球部が甲子園で全力で戦っている姿を見て自分もやらなければと思った。自分にはスケートしかない

東日本大震災のあと、「スケートしていていいのかな?」と悩んだ羽生だったが、直後に行われた選抜高校野球大会に出場する同級生たちの姿を見て、「自分がやるべきこと」「自分にしかできないこと」に思い至ったという。東北高校は初戦で大垣日大高校と対戦し0対7で敗れたが、全力プレイが観衆の拍手喝采を浴びた。2012年11月NHK杯後の発言

それはメダルを取った時の
自分のルール。
たくさんの方に支えられて
ここまで来ました。
震災を受けて宮城の温かさを
あらためて感じた。
その感謝の気持ちを
表すようにしています

2011年11月、グランプリシリーズ第6戦、ロシア杯での優勝から一夜明けた記者会見で「コーチの首に金メダルをかけたのは?」と聞かれて、こう答えた。「優勝したという感じはしない。ただ、今回はフリーでがんばれたという達成感だけはしっかりある。(浅田)真央ちゃんのように、いつもテレビで見ていた選手とアベック優勝できるのは、今でも信じられない」

震災から4年が経って
あらためて思うことは
今だからこそ
僕たち個人個人でも
被災地のために、できることが
あるのではないかということです。
ほんの少しの小さなことでも
いいと思うのです。
被災地のために
自分なら無理なく

何ができるかを
ここでもう一度考えてみる。
考えたら、実行してみる。
小さな力の積み重ねが
本当に大きな助けになることを
僕は4年前に
身をもって実感しました

オリンピックで金メダルを獲得したあとの記者会見で東日本大震災の話題が出たのは、羽生が被災者のひとりだからだ。「自分にできることはそう多くない」と常々語っているが、カナダ・トロントでトレーニングに励んでいても、遠く離れた異国で試合に出場しても、東北への思いをずっと持ち続けている。2015年3月の発言

どんな試合でも滑れる喜びを忘れないようにしたい

2011年6月、東日本大震災の被災地のスケート復興支援を目的としたフィギュアスケートの慈善演技会が名古屋市邦和スポーツランドで行われ、約1200人の観客の前で、多くの選手とともに演技を披露した。大会の大きさは関係ない。ひとりでも見にきてくれるファンがいる限り、羽生は全力を尽くす。入場者の募金や慈善オークションで集まった約150万円は、日本スケート連盟を通じて被災地のリンクの補修費用などに充てられた

あったかくて、滑りやすかった。
仙台人として誇りに思います。
本当に本当に、楽しかった!

ソチオリンピックの4カ月後の2014年6月、イベント「Together on Ice」が出身地の仙台で行われた。ショーには、エフゲニー・プルシェンコ(ロシア)ら世界のトップ選手も参加。約4000人の観客を楽しませた。羽生は、オリンピックのエキシビションで滑った『白鳥の湖』とジュニア時代のエキシビション『Change』を披露した。羽生の心にはいつも、温かい故郷がある

「はじめて」や「史上初」が大好き

ソチオリンピックで金メダルを獲得し、「日本男子初」「欧米人以外初」など「初」づくめだった羽生。アイスベルク・パレスで行われたエキシビションに参加した際に、2種類の4回転ジャンプを5種類まで増やすことを今後の目標として掲げた。ループ、アクセルを成功させた選手はまだいないため、羽生が成功させれば「初」の快挙となる。2014年2月の発言

僕は、挑戦してなんぼですから

ジュニアからシニアに戦いの場を移してまだ4年。いくつもタイトルを積み重ねてきたが、目の前には課題がいくらでも転がっている。世界のトップスケーターは進化を続けているからだ。「僕は、挑戦してなんぼですから。難しいプログラムも技術的なものにすぎない。でも、挑戦という意味でいちばん大きいのは、精神的な部分。収穫を得られたことが大きかった」。雑誌のインタビューで2014年―2015年シーズンを振り返って。2015年6月の発言

「まだ挑戦できるんだ」
「まだ余力を残しているんだ」
そう思って
試合に臨んでいました

2014年—2015年シーズンを振り返って。ほかの選手との激突や手術などアクシデントが続いたため、後半に4回転を入れる難しいプログラムに挑戦することができなかった。「練習では後半の4回転も跳べていたので、『この構成ならできる』という感覚がありました。今後は自分の可能性を広げられるような試合経験をしたい」

プレッシャーはあったし
緊張もしました。
しかし
自分を信じてやりました。
だからこそ
自分のほぼフルな状態を
出せたのではないかと思う

オリンピック金メダリストになってから、これまでとは違う種類のプレッシャーや緊張に包まれてきた。つかんだものが大きければ大きいほど、余計なものがまとわりついてくる。「オリンピックの金メダリストなんだから」「すごい演技を見せてくれるはず」。そんな声が聞こえてくると、力み、おごり、慢心……が生まれてくるものだ。しかし、羽生は王者としてシーズンを戦い抜いた。

2014年3月の発言

プレッシャーを感じてもいい。それを乗り越えれば自分が強くなれます

戦いのステージが上がれば、選手のレベルも高くなり、それまで普通にできていたことができなくなることがある。ジュニアとシニアの違いもそう、国内大会と世界大会のギャップもそうだ。注目されればされるほど、大会の価値が高くなればなるほどプレッシャーがかかるのは自明のことだ。羽生はいくつもの壁を乗り越えて、強さを身につけてきたのだ

"期待される"という感覚が好きです。プレッシャーではなく快感なんです

オリンピックの舞台や世界選手権はもちろん、全日本選手権でさえも、スケーターが簡単に出場できる大会ではない。多くの選手の中から選ばれた人間は期待されるし、過剰なプレッシャーに悩まされる。それを苦しいと感じるか、うれしいと感じるかで結果は大きく変わるだろう。喜びの域を超えて快感さえ覚える羽生がタイトルを積み重ねることができるのは当然かもしれない

「いい演技をすること」が目標の方もいますが完璧な演技で負けたら屈辱です。僕は勝ちたいです!

勝利に対してこれほど貪欲な発言をするフィギュアスケーターは珍しいかもしれない。フィギュアスケートは体をぶつけあうわけでも、罵りあうわけでもない。それぞれの選手が、自身が立てたプラン通りの演技をして、その点数を競うもの。「そこまで勝ちにこだわらなくても……」と思う人もいるだろう。だが、羽生にとって大切なのはあくまで勝利なのだ。2011年11月の発言

目標を書くなら
大きいほうがいい。
具体的に書いたほうが
達成しやすい。
けっこう、理数系です

2010年3月、オランダ・ハーグで行われた世界ジュニアフィギュアスケート選手権に日本男子としてはじめて中学生で出場し、4人目のジュニアチャンピオンになった。幼い頃から「オリンピックで金メダルをとる」と言い続けてきた少年は、すさまじい早さで世界の舞台を駆けあがっていった。グランプリファイナル、世界選手権、オリンピックのすべてを制するまで4年もかからなかった

自分の中で
「僕はやらなきゃいけない」
という使命感や
「ここまでは絶対にできるはずだ」
という過信
今の状況とのギャップがあった。
練習をしていない、
自分を信じ切れない
そんな言い訳を抑えて
「常に前を見続けろ」と思っていた。
その弱さが出てしまった

自信満々に見えるアスリートでも、内側にはさまざまな悩みや葛藤を抱えているものだ。もちろん、世界王者の羽生も例外ではない。コンディションが悪いときほど、自らを奮い立たせる。しかし、2014年−2015年シーズンは思いがけないアクシデントが多すぎた。中国杯での負傷、体調不良と手術、「こんなはずでは……」の繰り返しだった。それでも言い訳することなく自分の弱さを見つめ、グランプリファイナル優勝、世界選手権準優勝を手にした。2014年12月の発言

いつまでも「僕はまだまだです」なんて言っていられない！

2011年－2012年シーズン前の発言。この時点では、日本代表の有力候補のひとりだったが、本人は2014年2月のソチオリンピックを射程におさめていた。目の前に世界大会の常連選手が立ちふさがっていても、あくまで強気だった。「ソチオリンピックに出るためには、今シーズンから世界選手権に出られるくらいでなければならない。だから、先輩たちにも勝たないといけない。もう、負けてなんていられない」

「絶対、勝ってやる」
という思いでした。
決め手は
意地と気合いです！

2014年2月のソチオリンピックで金メダルを獲得したあと、3月の世界選手権に出場（さいたまスーパーアリーナ）。ショートプログラムは3位だったが、フリーで191.35点をマークしてトータル282.59点で初優勝を飾った。オリンピック、世界選手権、グランプリファイナルの3大タイトルを獲得したのはもちろん、日本人としてはじめてのこと。勝利の決め手は「意地と気合い」だった！　2014年3月の発言

まず
「王者になる!」と口に出す。
そのあとで
自分の言葉に自分自身が
追いつけばいいんです

余計なことは口に出さず、ことを成し遂げてから「実は……」と胸の内を語るのが昔の日本人の美学かもしれない。しかし、そのやり方はときに逃げ道をつくることにもなる。「オリンピックで勝つ」「世界一になる」と言い切ってしまえば、あとはもうやるしかない。羽生はそうやって自分を追い込んで、はるか遠くにある頂点を目指してきた。2011年11月の発言

自分が勝つか負けるかの
問題ではなく
自分が高みに立とうと
しているのか、いないのかを
すごく重要視しています

競技者である限り、勝利を求めるのは当たり前だが、勝敗とは別に大切なものがあるのではないかと、タイトルを獲得するにつれて羽生は考えるようになったようだ。「ただ勝つこと」だけでなく、勝利の向こうにある「高み」を見据えているのかもしれない。王者になればあとは守るだけ。そうならないために、もっと遠くを目指している。2013年1月の発言

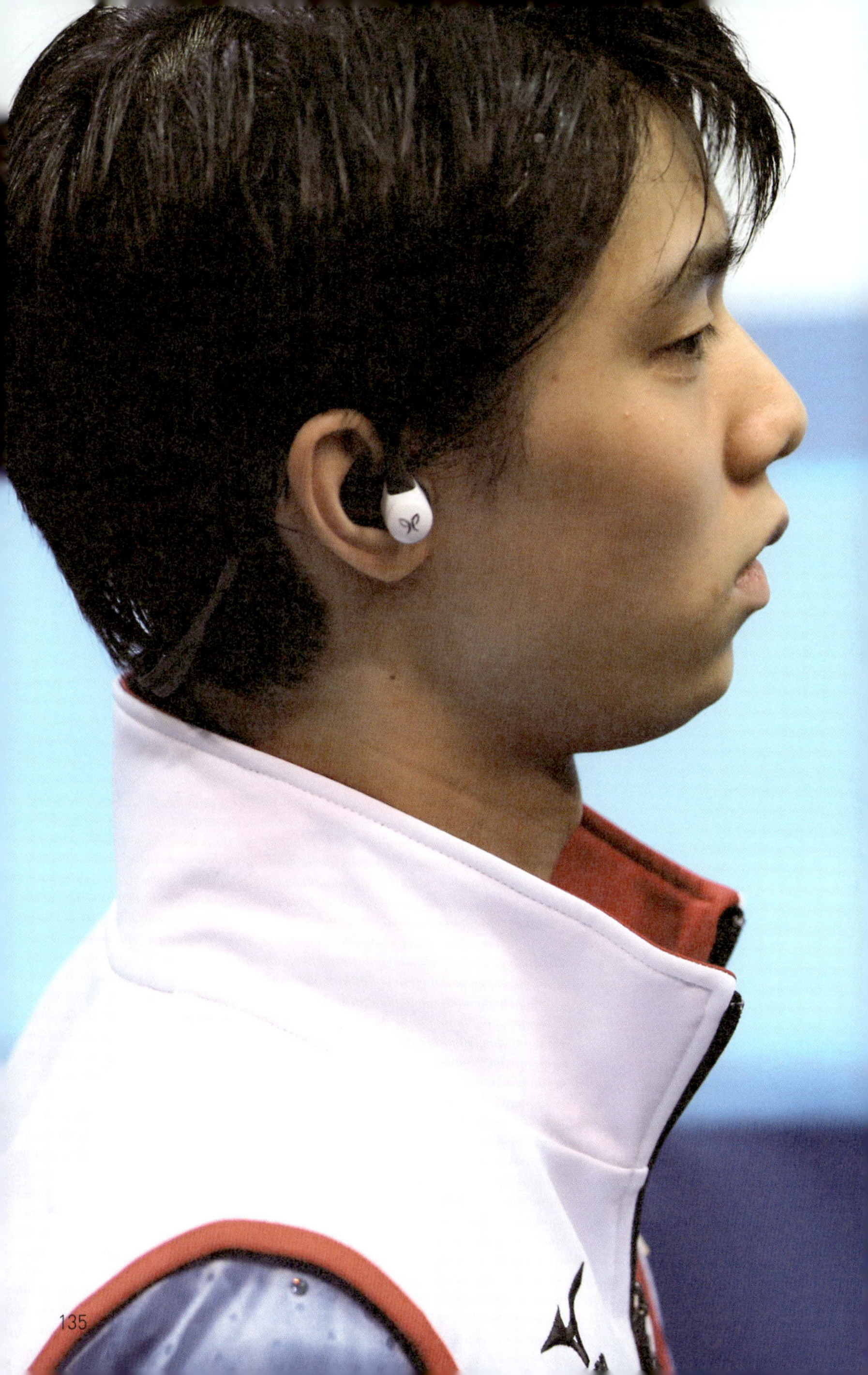

短所を克服するために追いかけなければならない先輩やスケーターが絶対いるんです

幼い頃から「オリンピックで1位になる!」と言い続けてきた羽生だが、今が最終到達点だとは思っていない。「フィギュアスケートはジャンプだけではなく、スピンやステップも表現力もある。僕のジャンプは加点をもらいやすいかもしれないけど、表現力に関してはほかの選手のほうが上かもしれない」と語った。2014年8月の発言

マイナスの要素は
ずっとそのまま
マイナスではない。
マイナスがあるからこそ
マイナスとマイナスを
掛け算にして
プラスにできる

2014年－2015年シーズンを振り返るインタビューで。今がプラスなのか、マイナスなのかを判断するのは難しい。課題や壁をマイナスだととらえる人もいるだろう。「4回転が跳べないときから考えれば、今は大きなプラス。今をマイナスだと考えられるということは、自分が成長した証だ」と羽生は言う。「マイナスだと思えることも最終的にプラスにするつもり。課題（マイナス）が見つかったら自分は成長できるのかなと思っています」

いかにして
自分を越えられるか
いかにして
能力を最大限に
発揮できるかを
ひとつひとつ考えてきた

2014年2月、ソチオリンピックで金メダルを獲得した翌日の発言。グランプリシリーズ全試合でパトリック・チャンと戦う中で、「自分を超える方法」「能力を最大限に発揮する方法」を考え続けたのだという。ソチオリンピックではチャンを抑えて優勝を飾った。「考えてきたことが今回のオリンピックという舞台でも通用したのかなと思う」

ただひとつの試合に
勝ったということだけです。
オリンピックも
僕の中ではそういう位置づけです。
追いかけられる立場になったとは
考えていません。
僕はいつまでも追いかけていきたい

どんなに小さな大会でも全力を尽くすのがアスリートというもの。しかし、オリンピックや世界選手権ともなれば、当然、プレッシャーも緊張感も違う。だからこそ、タイトルを取れば自信もつくし、まわりの見る目も変わってくる。しかし、羽生が大事だと考えているのは、「今」と「これから」。目の前にある壁をひとつひとつ乗り越えていくだけだ。2014年3月の発言

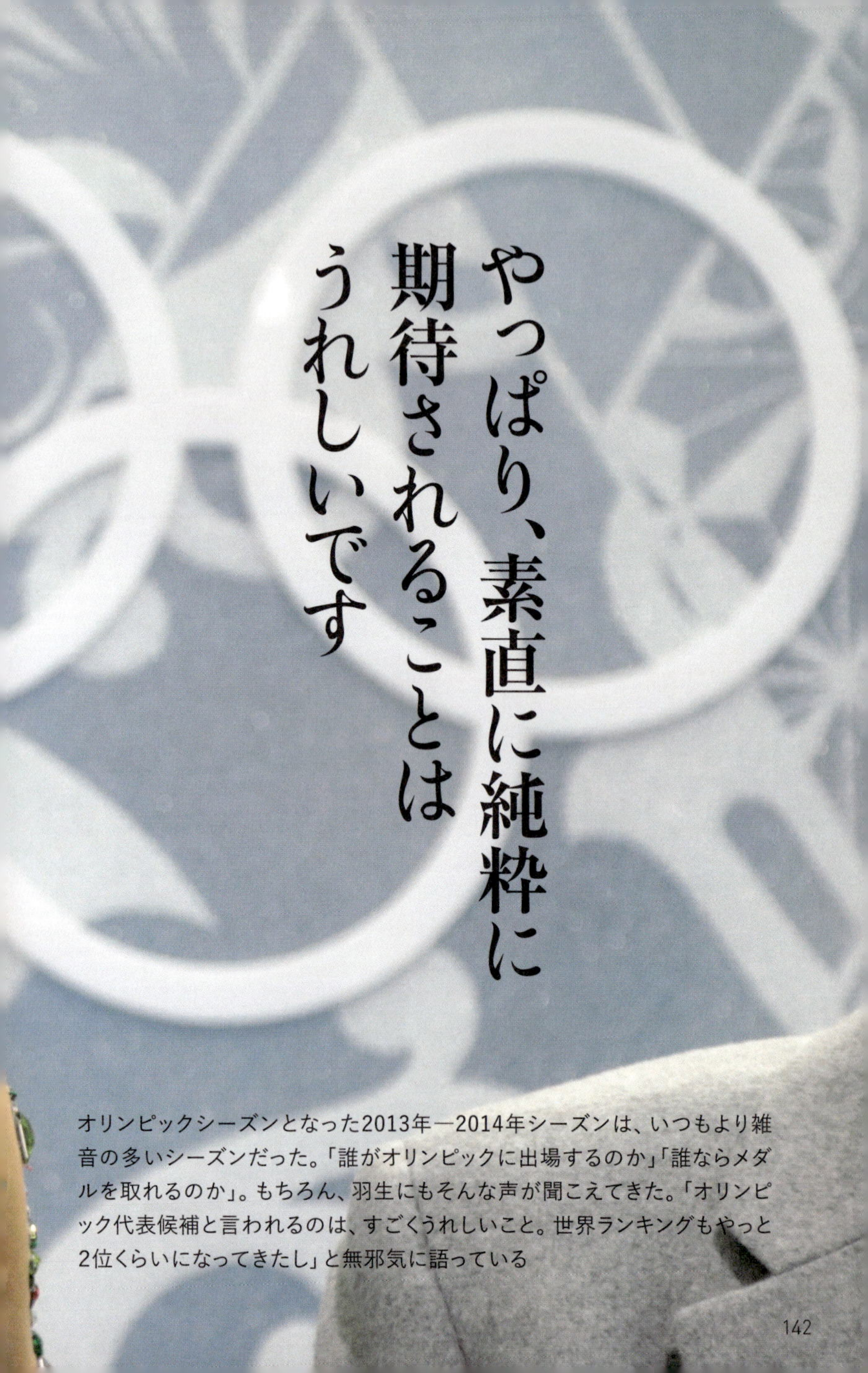

やっぱり、素直に純粋に期待されることはうれしいです

オリンピックシーズンとなった2013年―2014年シーズンは、いつもより雑音の多いシーズンだった。「誰がオリンピックに出場するのか」「誰ならメダルを取れるのか」。もちろん、羽生にもそんな声が聞こえてきた。「オリンピック代表候補と言われるのは、すごくうれしいこと。世界ランキングもやっと2位くらいになってきたし」と無邪気に語っている

MIZUNO

氷にもすごく感謝！

2013年3月、カナダで行われた世界選手権後、戦い終わったあとの言葉。左ひざ、右足首痛を押して出場したショートプログラムでは9位に終わったが、フリーでは技術点1位の演技で169.05点の3位。総合4位に食い込んだ。「やり切った！　体調が悪い中、たくさんの方が体と心のケアをしてくれて、本当に感謝でいっぱい」と語った

今日は今日で
やるべきことがあり
それができたと思っています。
明日は明日で
やるべきことがあります。
明日はやるべきことを
一生懸命楽しみながら
しっかりと演じ切りたいと
思っています

ソチオリンピックの日本代表の座をかけて争われた2013年12月の全日本選手権、ショートプログラムで103.10点をマークしてトップに立った羽生の発言。フリーではリードを守り切り、全日本選手権2連覇を果たし、ソチオリンピックの出場権を確実にした。「これだけ白熱した全日本選手権で1位を取れたのは自信になります。次に向けて一生懸命にやらなければと思いました」

1年間やってきたことは1カ月くらいではなくならない

2013年3月、ソチオリンピックの日本代表の出場枠がかかった世界選手権で、日本の「3枠」を獲得することに貢献した。その前に行われた四大陸選手権後にインフルエンザを発症して10日間休養。練習再開後には左ひざの腱を負傷した。半月ほど満足に練習できなかったのに、満身創痍の状態で最後まで滑り切った

メディアは多くの方々に自分の声を届けていただける場だと思います

2012年4月、世界選手権で銅メダルを獲得したあとのインタビューで。メディアとの関係に悩むアスリートが多い中、良好な関係を築いているのは、報道陣についてこう考えているからだ。しかし、オープンにしながらも隠すべきところは秘密にしている。「メディアの方には足にアイシングやテーピングしているところを見られたのですが、ドクターやトレーナーの方も『最近、捻挫が多いから予防のために』と言ってくれました」

スケートを通して
自分の人生観や
人間としての
あり方のようなものを
少しずつですが
感じはじめています

2014年－2015年シーズンを振り返るインタビューで。「フィギュアスケートは4歳のとき、姉の影響ではじめたのですが、ここにきてさらにフィギュアスケートが好きになっている」と語る。試合の演技時間は短いが、トレーニングの時間は長い。フィギュアスケートに多くの時間を費やす競技生活の中で、少しずつ「人間・羽生結弦」も大きくなっていく

本当に集中できているときは「今、何をすべきか」がはっきり、わかります

思いがけない事態に遭遇したとき、人は「何をすべきか」を見失ってしまうものだ。気持ちばかり焦り、焦りが新たな混乱を招く。誰しも、何も手につかず、気ばかり急いた経験があるはずだ。羽生はいつも落ち着いているように見えるが、それは集中の度合いが高いからだろう。「今すべきこと」がわかっている人間はやっぱり強い。2014年12月の発言

目の前のことに
ひとつひとつ
集中できるようになりました。
余計なことを
考えずに試合に集中し
自分の体を使い切って
演技できたことは
幸せなことです

「10代で残した課題を克服した20代はじめての試合」。20歳で迎えた2014年12月のグランプリファイナル（スペイン・バルセロナ）のあとにこう語った。フリーの後半、3回転ルッツで転倒したものの、それ以外はほぼ完璧な滑りを見せ、2位のハビエル・フェルナンデスに30点以上の大差をつけて圧勝。見事に、グランプリファイナル2連覇を果たした

どうすれば
もっと強くなれるのか。
どうすれば
自分をコントロールして
本番で実力を
出すことができるのか？

2014年12月、バルセロナで行われたグランプリファイナルの前に自分の心にこう問いかけたという。考え抜いた末にたどりついたのは「ファイナルのためだけの練習をしていこう」だった。誰もが勝ちたい。でも、みんなが勝てるわけではない。「勝つためのプロセス」こそが重要だと気がついたのだ。ファイナル優勝によって、この考えが正しいことが証明された

答えを見つけられるのは
自分だけです。
これからは自分の中で
戦いをつくりあげて
いかないといけない

オリンピックチャンピオンとして迎えた2014年―2015年シーズンは、さまざまな葛藤との戦いだった。ブライアン・オーサーコーチも家族も万全のサポート体制を敷いてくれてはいるが、氷の上で闘うのはひとりだけ、自分に火をつけられるのは自分自身だ。苦しんだ末につかんだ世界選手権準優勝と、グランプリファイナルの金メダルだった。2014年12月の発言

試合前には、必ずホテルの部屋を
きれいにすることを心がけています。
部屋の中にあるものひとつひとつを
角度を決めてきれいに収める。
きっちり整頓する。
部屋がきれいだと
運も寄ってくるかなと思う

アスリートには、縁起をかつぐ人もいれば、いつも決まった色の服を着たり、同じ順番で着替えをする人もいる。試合前の準備から、もう戦いははじまっている。羽生が試合の前に必ずするのは、部屋をきれいにすること。「ずいぶん前の試合で本番前に部屋をきれいにしてから滑ったら、すごくいい結果が出たことがある。それからは、部屋の整頓を忘れないようにしている」

あきらめるかどうかの前に「今、何をすべきか何をしなくてはいけないのか」を考えます

大きな仕事を任されたとき、ついつい「できるか・できないか」(「できそうか・できそうではないか」)で判断することがきっとあるだろう。だが、羽生はそうではない。余計なこと(あきらめるかどうか)を考える前に、「すべきこと」を整理するというのだ。ここに普通の人と羽生との違いがある。スタート地点で大きな差をつけられてしまえば、なかなか追いつくことはできない

自分の中で
褒めてあげたいのは
ここまで自分を
奮い立たせて
がんばってこられたこと

2014年－2015年シーズンを振り返るインタビューで。オリンピックのあった前のシーズンよりも、ある意味厳しい戦いを強いられたのではないだろうか。11月の中国杯でのアクシデントにはじまり、さまざまなケガ、腹部の手術……。次から次へと災難が降りかかった。それでも羽生は滑り続けた。苦しい日々の経験がきっと、いつの日か、自分を助けてくれるだろう

できることを
出し惜しみしても
おもしろくない。
それは一生懸命とは
言いません

100%の力を振り絞ることはなかなか難しい。どこかに余力を残したまま、力を出すタイミングを逸して舞台から去るアスリートは数知れない。「できることをしっかりやる」のもひとつの大きな技術だ。そのときに持っているすべてのものを出し切るのが羽生のやり方。それで倒れるならそれでいい。そんな覚悟が演技からいつもにじみ出ている。2013年12月の発言

どんな仕事でもそう。どんな人もそう。人生は同じなんですよね

羽生が戦うスケートリンクは、小さいが大きい。フィギュアスケートの演技時間は短いが、そこで学ぶことはたくさんある。スケートひと筋で生きてきた羽生の視線の先には「人間」が、「人生」がいつもある。だから、発せられる言葉は鋭い切れ味と温かみを持っている。壁にぶつかり、また立ち向かうことに、羽生は「人生」を見ているのかもしれない。2015年4月の発言

この経験は現役を
引退したあとも役立つ。
そういう経験が
ある人間だからこそ
できることをしていきたい

2014年−2015年シーズンを振り返って、「苦しい、つらい、楽しい、幸せ。いろいろあって表現しきれませんが、僕の人生で絶対忘れることができない期間だった」と語った。将来について、「今は何も決まっていませんが、レクチャーや講演ができる立場になりたい。それこそ、アスリートとして。オリンピックの経験を生かして、スポーツ界全体を盛り上げられるような存在になりたい」。2015年4月の発言

2014年7月、文部科学省の国際大会優秀者表彰式に出席した際の発言。グランプリファイナル、ソチオリンピック、世界選手権の3冠を制した王者として「肩書きに恥じない結果を残して、自分のものにできるようにしたい」と語ったあと、家族旅行の計画を明かした。「十何年ぶりかの家族旅行。久しぶりに羽生家の結弦になれる」と笑顔。戦士にも休息のときが必要だ

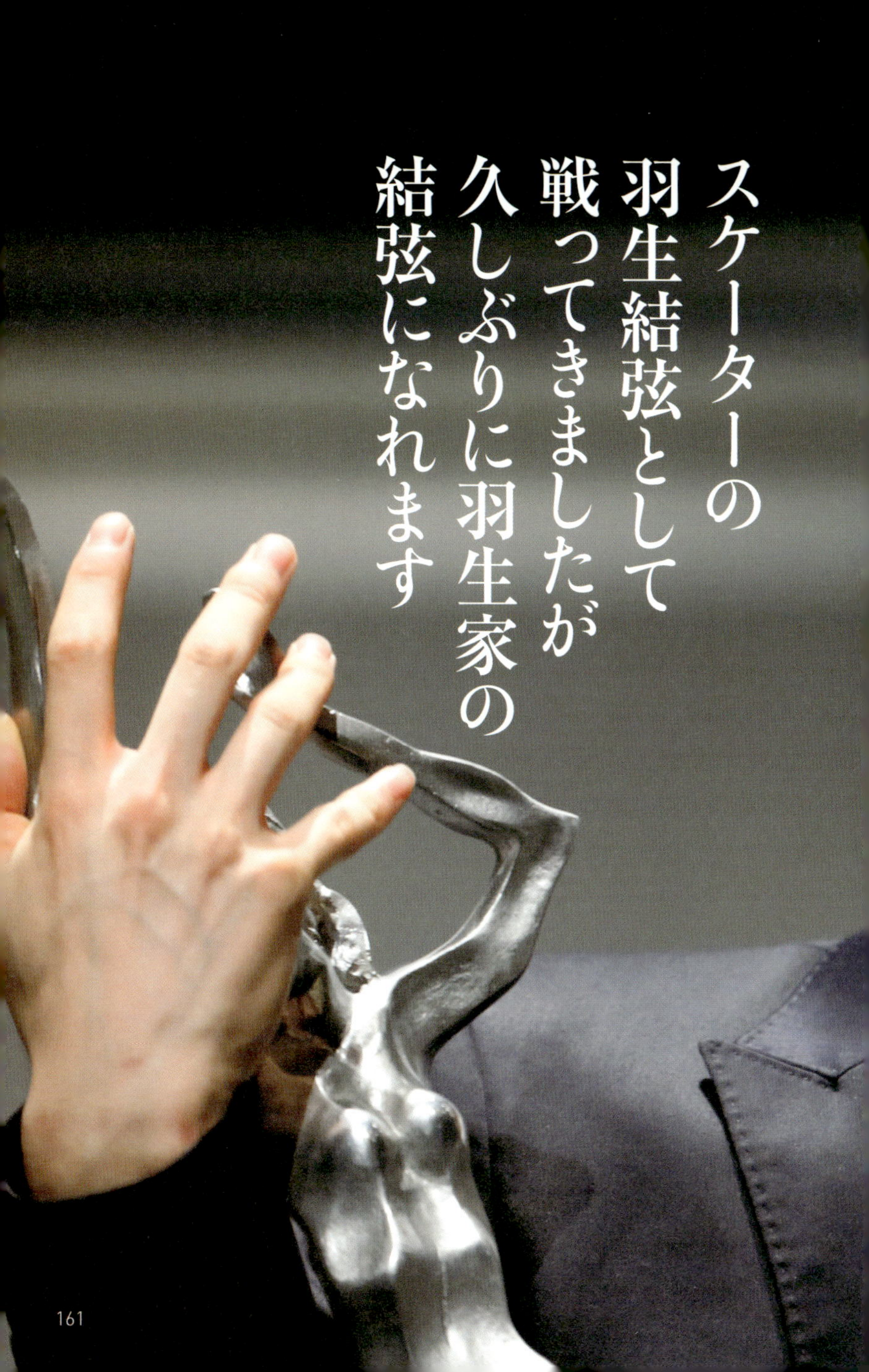

スケーターの
羽生結弦として
戦ってきましたが
久しぶりに羽生家の
結弦になれます

もう、うれしかったですよ
「自分はこんなに
できないんだ！」って

超一流選手を育てた名伯楽として知られるブライアン・オーサーコーチの指導を受けるためにカナダ・トロントに移り住んだ羽生を待っていたのは、スケーティングだけの練習だった。クラブ全員で行う基礎スケーティングでは、羽生の動きが誰よりもつたなかったという。「でも、これを直せば根本的にスケートが変わって、もっと納得いく演技ができる、新たなステージに上がれると思いました」。2012年11月の発言

どこにだって行きますよ。僕、うまくなるためだったら何だってしますから

幼い頃からずっと見守ってくれたコーチがいた。少ない言葉でわかりあえる仲間も、親身になって相談に乗ってくれるスタッフも。しかし2012年、羽生は住み慣れた仙台を離れ、カナダ・トロントにトレーニング拠点を移した。「本音を言えば、海外は遠征で行くのも苦手で、言葉のストレスもある。それでもカナダ行きを決意したのは、ただ強くなりたい一心からでした」。

2012年10月の発言

その重圧を毎日受けられたら
僕はどれだけ
変われるのだろう？
表彰台に立ったからには
自分の感情は
優先させてはいけない

羽生が出身地の仙台を離れてカナダ・トロントをトレーニングの拠点にしたのは17歳のとき。ライバルと日々一緒に練習する場としてブライアン・オーサーコーチのいる「クリケット・スケーティング＆カーリングクラブ」を選んだ。「仙台で練習するのがいちばん安心だし、家族とも離れたくない。でもあれだけの歓声を浴びたし、期待を背負っている。もうスケートは自分だけのものではない」。2012年11月の発言

僕は進化し続けていきたい

オリンピック金メダリストになっても、羽生は休むことなく大会に出続けた。それは、自身をもっと進化させたいからだ。「これから、若手が僕を追いかけてくる。でも、若手が伸びれば伸びるほど、それを原動力にして僕もがんばろうと思える。五輪王者になっても世界王者になっても、成長が止まるわけではなく、『がんばろう、成長しよう』という気持ちはずっと続く」。2014年12月の発言

掲載した発言の年月は、羽生結弦選手本人が会見等で発言した年月。
もしくは発言が掲載された媒体のリリース年月に準じております。

［参考資料］

『AERA』(朝日新聞出版)／『フィギュアスケート プリンス』(英和出版社)／『フィギュアスケートサミット』(カンゼン)／『Sportiva』(集英社)／『ワールド・フィギュアスケート』『アイスショーの世界 (ワールド・フィギュアスケート別冊)』『フィギュアスケート ソチ・オリンピック総特集(ワールド・フィギュアスケート別冊)』(以上新書館)／『フィギュアスケート日本男子ファンブックQuadruple』『フィギュアスケート日本代表メモリアル』『フィギュアスケート日本男子Fan Book Cutting Edge』(以上スキージャーナル)／『フィギュアスケート 日本男子応援ブック アイスショーSP It's Show Time!』(ダイアプレス)／『フィギュアスケートDays』(ダイエックス出版)／『フィギュアスケートシーズン決算号』『世界フィギュアスケート選手権 熱戦速報号』(以上日刊スポーツ出版社)／『蒼い炎』『フィギュアスケート Life』(以上扶桑社)／『Sports Graphic Number』(文藝春秋)／『フィギュアスケート・マガジン』(ベースボール・マガジン社)／『フィギュアスケートファン通信』(メディアックス)／『チーム・ブライアン』(講談社)／朝日新聞／産経新聞／サンケイスポーツ／スポーツニッポン／デイリースポーツ／日刊スポーツ／日本経済新聞／報知新聞／毎日新聞／読売新聞／NHK／テレビ朝日／『キヤノン・ワールドフィギュアスケートウェブ』／『KOSE SPORTS BEAUTY NEWS』／『Number web』／『日本赤十字社　東日本復興支援特設サイト「復興へ、まだまだ力を。」』／『web Sportiva』ほか

羽生結弦

はにゅうゆづる　フィギュアスケート選手。1994年、仙台市生まれ。4歳からスケートを始め、2008〜2009年シーズンの全日本ジュニア選手権で優勝。2009〜2010年シーズンの世界ジュニア選手権、全日本ジュニア選手権、ジュニアグランプリファイナルを制覇。2010年にシニアデビューをするや、2012年世界選手権にて日本男子史上、最年少で銅メダルを獲得。2012〜2013年シーズン、全日本選手権で初優勝。2013年グランプリファイナルではショートプログラムで世界最高得点を記録し初優勝、全日本選手権2連覇を果たした。2014年、ソチオリンピックで金メダルを獲得し、日本はもとより世界中から注目・賞賛を集める。以後も2014年世界選手権、グランプリファイナル、全日本選手権優勝と終わりなき進化を続けている。

羽生結弦語録

2015年10月1日第1刷発行
2022年10月30日第6刷発行
著　　者　羽生結弦
発 行 人　木本敬巳
編　　集　大澤直樹／中野鉄兵
文・構成　元永知宏
編集協力　増田朋広
デザイン　TwoThree（出田 一 + 金井久幸）
協　　力　株式会社 CIC
写　　真　株式会社アフロ
印刷・製本　凸版印刷株式会社
発行・発売　ぴあ株式会社
〒150-0011
東京都渋谷区東1-2-20　渋谷ファーストタワー
編集／03(5774)5262　販売／03(5774)5248

ISBN978-4-8356-2848-6